TYPHON
OV LA
GIGANTOMACHIE
Poeme Burlesque
Dedié a monseigneur
L'eminentissime
Cardinal Mazarin

A PARIS chez Toussainct Quinet au Palais auec Priuilege du R

TYPHON
OV LA GIGANTOMACHIE.
Poëme Burlesque.

DEDIÉ
A MONSEIGNEVR
L'EMINENTISSIME CARDINAL
MAZARIN

A PARIS,
Chez TOVSSAINCT QVINET, au Palais,
sous la montée de la Cour des Aydes.

M. DC. XLVIII.
AVEC PRIVILEGE DV ROY.

TYPHON
OV LA GIGANTOMACHIE.
POESME BVRLESQVE.

CHANT PREMIER.

JE chante, quoy que d'vn gosier
Qui ne mâche point de Laurier ;
Non Hector, non le braue Enée,
Non Amphiare, ou Capanée,
Non le vaillant fils de Thetis,
Tout ces gens-là sont trop petits,
Et ne vont pas à la ceinture
De ceux dont i'écris l'auanture :
Ie chante cét Homme étonnant,
Deuant qui Iuppin le Tonnant,
Plus viste qu'vn trait d'Arbaleste,
S'enfuit sans ozer tenir teste ;

A iij

Ie chante l'horrible Typhon
Au nez crochu comme vn Griffon,
A qui cent bras longs comme gaulles
Sortoient de deux seules épaulles,
Entre lesquelles on voyoit
Teste qui le monde effrayoit;
Teste qui n'estoit pas à peindre,
Mais teste à redouter & craindre;
Au reste d'esprit si quinteux,
Que i'en suis quelquefois honteux.
IE CHANTE aussi Messieurs ses freres
Qui certes ne luy cedoient gueres,
Tant à déraciner des Monts,
Qu'à passer Riuieres sans Ponts,
Mettre les plus hautes Montagnes,
Au niueau des plattes Campagnes;
Et des grands Pins faire bastons
Qui n'estoient encore assez longs;
Desquels maints grands coups ils donnerent
A maints Dieux qui ne s'en vanterent,
Quand ils retournerent aux Cieux:
Mais fait bon battre glorieux.
   O Grand MAZARIN, ô Grand Homme,
Riche Thresor venu de Rome,
Laquelle n'a pas sur ma Foy,
Rien gardé de pareil pour soy.

En quoy paroist sa courtoisie,
Dont la France la remercie,
Esprit qui ne t'endors iamais;
Expert en guerre, expert en paix,
IVLE plus Grand que le Grand IVLE,
Qui nous sers autant qu'vn Hercule,
Sur lequel on dit qu'estant las,
S'accoudoit autrefois Atlas;
Si tu voulois ton Arc détendre,
Et daignois iusqu'à moy descendre;
Si les petits Vers que j'écris
T'arrachoient le moindre soûris,
S'ils te causoient la moindre ioye,
Ie le jure afin qu'on me croye,
Par le Chef de saincte HAVTEFORT,
Et c'est à moy jurer bien-fort;
Que malgré les maux que j'endure,
Malgré fortune toûjours dure,
Ie tiendrois aussi content,
Que si n'estant plus impotent,
Ie pouuois à vostre Eminence
Faire profonde reuerance:
Mais helas! chetif ie ne puis,
Roide comme vn baston ie suis:
Et par maudite maladie,
Dont ma face est toute enlaidie;

Ie suis persecuté dés lors
Que du tres-adorable corps
De nostre Reine, que tant i'aime,
Sortit LOVIS quatorziéme,
Louys surnommé Dieu-donné,
Pour le bien de la France né ;
Qui secondé de ta prudence
Nous mettra tout dans l'abondance ;
En dépit des maudits Geants,
Id est mutains, mauuaises gens,
Qui regrettez ne seroient gueres
S'on les voyoit habiter Bieres,
Tandis que les bons demeurez
Habiteroient Palais dorez :
Mais pour vn Poëte grotesque,
Ie m'écarte trop du Burlesque ;
Retournons y donc promptement,
Aussi bien c'est nostre élement,
Et décriuons bien la furie
De toute la Giganterie ;
Comme le grand fils d'Alcmena,
De sa Masse les mal-mena
Comme Iupiter de son Foudre
Eut le passe-temps de les moudre ;
Et fit à Typhon leur grand Chef,
D'vne Montagne vn Couvre-chef.

TYPHON.

MVSES qui vistes leur audace,
Et vous sauuastes de Parnasse,
Quand Iuppin qui lors s'effraya,
Sauue qui peut aux Dieux cria:
Et depuis la Voûte Estoillée
S'encourut à bride auallée,
Aussi timide qu'vn Conil,
Iusques aux riuage du Nil:
Dites moy bien de quelles formes
De peur, de ces Monstres énormes,
Les Dieux furent lors reuétus,
S'il est vray qu'ils furent battus,
Ou s'ils furent ceux qui battirent,
Et les Geants aneantirent,
Ou s'ils furent aneantis
Par ces grands hommes mal bastis;
Car, & deux & des Dieux Celestes
Ne sont demeurez aucuns restes :
De vous mesmes & d'Apollon,
Quoy que tres-plaisant viollon,
Force gens disent que vous n'estes,
Autre chose que des sornettes:
Mais soyez sornettes ou non,
Ie vay commencer tout de bon.
  Vn Dimanche bon iour bonne œuure,
Typhon aux cheueux de couleuvre,

B

Apres auoir tres-bien difné,
Iufqu'à ventre déboutonné,
Inuita tous Meßieurs fes freres,
Qui de luy ne s'éloignoient gueres,
A vouloir pour chaffer l'ennuy,
Iouer aux quilles auecque luy:
Ces quilles eftoient longues Roches,
Dont il auoit de fes mains croches,
Sans nul marteau ny ferrement.
Fait vn ieu ie ne fçay comment;
Elles n'eftoient pas des plus belles
Ny bien faites, mais telles quelles;
Et la boulle ne rouloit pas,
Mais feulement alloit le pas,
N'eftant qu'vne Roche quarrée
En boulle fort mal figurée:
Ce fut enuiron la my-May,
Temps auquel on a le cœur gay;
Et ce fut dans la Theffalie,
Que cette trouppe tant iolie
Prit cette recreation,
Et joüa la collation:
Huict d'entr'eux aux quilles joüerent,
Et quelque autres parierent;
Ils joüoient au comencement,
Comme on fait toufiours froidement,

TYPHON.

Mais cette race discourtoise
Ne peu ioüer long-temps sans noise;
A la fin le jeu s'eschauffa,
Deux fois bien fort on s'y fâcha;
Et deux fois on s'y pensa prendre,
Tant ils auoient le ceruau tendre:
Mais Typhon mettant le holà
Empescha ce desordre-là,
Tellement que cette iournée
Sans querelle fut terminée:
Mais mieux eût valu que cent coups,
Ils s'entrefussent donnez tous,
Et qu'vne malheureuse quille
N'eust point attrappé la cheuille
Du grand pied plus long qu'vn arpent
De Typhon au crin de Serpent;
Ce fut Mimas le Sanguinaire
Qui le fit sans le penser faire;
Quoy que ce fut sans y penser,
Typhon pensa s'en offenser,
Il ne fit pourtant pas la beste
De crainte de troubler la feste,
Il grinça seulement les dents,
Et les yeux de colère ardans,
Iettant le feu par les Narilles
Il ramaßa toutes les quilles,

B ij

Et les ietta sans regarder
Tant que son bras les peût darder:
Ces quilles d'vn tel bras ruées
Passerent bien-tost les Nuées,
Et perçant la voûte des Cieux
Donnerent iusqu'où tous les Dieux,
Humoient sans songer à malice
L'exhalaison d'vn sacrifice,
Et du Nectar se remplissoient
Que les Deesses leur versoient,
Resolus de boire & reboire
Pour le moins iusqu'à la nuict noire:
Pour Mars il prenoit du Petun
Méprisant tout autre parfum:
Car depuis que dans la Hollande,
Où sa renommée estoit grande,
A petuner il s'estoit mis,
Comme on fait tout pour ses amis,
Sans cesse ce traisne-rapiére
Prenoit petun & beuuoit biere,
Et de vouloir l'en empescher,
C'estoit vouloir vn sourd prescher,
Car il n'estoit pas amiable,
Ains iuroit Dieu comme vn vray Diable,
Vray signe qu'il auoit esté
Nourry comme vn enfant gasté:

TYPHON.

Iupiter le lance Tonnerre,
Dormoit ayant bû trop d'vn verre,
Et Iunon qui n'auoit moins bû
Dormoit sur vn lit à cul nu:
Enfin cette belle assemblée,
Qui ce iour-là fut tant troublée,
N'auoit garde de redouter
Que quilles les vinsent heurter;
Ce neantmoins quilles y virent
Dont presque perdus ils se tirent;
Telle fut la confusion
De la celeste Nation:
Au bruit que tant de quilles firent
Les moins valeureux tressaillirent;
Iupiter qui s'en éueilla,
Demanda qu'ay-je entendu-là:
A sa voix qui la crainte inspire:
On se regarda sans rien dire,
Mais s'en offençant il cria,
Dites-donc, qu'est-ce qu'il y a;
Ce n'est rien, répondit Ciprine;
Taisez-vous petite putine,
Du depuis on a dit putain,
Au lieu de tine mettant tain,
Et Cipris au lieu de Ciprine,
Tant nostre langue se rafine,

B iij

Et tousiours se rafinera
Tant que François on parlera:)
Mais fermons cette parenthese;
Les yeux donc ardants comme braise
A Venus Dame de renom
Iupiter dit pis que son nom,
Affront qui fit monter le rouge
Au nez de cette belle Gouge;
Mais tandis qu'elle dérougit,
Ce Dieu de colere rugit,
Ce grand Dieu fait le diable à quatre,
Iusques à menacer de battre,
Et furieux comme Tyran
Iure deux fois par l'Alcoran,
(C'estoit son serment ordinaire:)
Mais Pallas pour le satisfaire,
Pallas qu'il estimoit beaucoup,
Luy dit; Sire, vn furieux coup
De quelque machine de guerre,
Venu du costé de la terre,
A tout brisé vostre buffet;
Et qui diable tel coup a fait?
Dit Iupin, ce n'est qu'vne quille,
Dit Mome à l'humeur si gentille;
Lors Iupiter maistre bouffon
Quand ie me fasche tout de bon,

TYPHON.

Ie vous deffends la raillerie,
Quand il faudra rire qu'on rie,
Mais aujourd'huy ie veux sçauoir
Quel mortel a bien le pouuoir
De me venir troubler à table:
Quoy le Ciel est donc penetrable?
Et l'on peut m'attaquer icy?
Neuf quilles & la boulle aussi,
Luy répondit Pallas le sage,
On fait icy bien du rauage,
Mais vous voyant tant irrité
Ie déguisois la verité;
Tous brisez sont les verres nostres,
Si qu'il en faut achepter d'autres,
Ou bien boire aux creux de nos mains,
Graces à Messieurs les humains
Qui deuiennent d'estranges sires,
Et tous les iours se feront pires,
Si vous ne les en punissez.
Ils ont donc mes verres cassez?
Dit Iuppin, Hâ c'est trop d'audace!
Hâ vrayment ie ne les menace
De Poires molles! mais ie veux
Tant pleuuoir & gresler sur eux,
Qu'ils maudiront mille fois l'heure
D'auoir iusques dans ma demeure,

Ozé faire un coup si hardy :
Encore une fois ie le dy,
D'une action si temeraire,
Ie feray justice exemplaire.
Comme il vuidoit ainsi son fiel,
Le Soleil entra dans le Ciel :
Ayant acheué sa iournée,
Trouuant la Cour toute estonnée,
Il s'enquit du plus prochain Dieu
Du bruit qui troubloit ce Sainct lieu;
Si tost qu'il eut la chose apprise,
De Silene à la barbe grise,
Grand Dieu cria-t'il i'ay veu tout
Et le diray de bout en bout;
Dis donc sans tarder dauantage,
Mais dis-le viste, car i'enrage,
Luy dit le grand Dieu Iupiter;
Lors le Soleil sans hesiter,
Sire, i'ay veu Typhon n'agueres
Iouër aux quilles & ses Freres,
Vne quille l'ayant blessé
Il a tout le jeu ramassé,
Et quilles & boulle ruées,
Comme on void a trauers nuées :
Tais-toy, tu n'en as que trop dit,
Dit Iuppin, cét homme maudit,

Est pour me donner de la peine;
Holà haut enfant de Cilene,
Prend tes deux jambes à ton coû,
Et va viste tu sçay bien où,
Lu trouuer cette grosse beste,
Et me luy laue bien la teste,
Apprends luy bien ce que ie puis,
Ce qu'il est, & ce que ie suis,
Il pense ainsi faire des siennes,
Qu'à la fin ie feray des miennes,
Et qu'il fera bien s'il me croit,
Desormais de charier droit;
Ie n'en diray pas dauantage,
Va viste faire ton message,
Et pense à le faire si bien,
Qu'on ne trouue à redire à rien.
Mercure fit le pied derriere
D'vne fort gentille maniere,
Et sortit, mais à reculons
De peur de monstrer les tallons,
Puis ayant pris des tallonnieres
Rabillées depuis n'agueres,
Son sabre & son bonnet aislé,
Et son baston entortillé
De deux Serpens ou deux **Anguilles**
Par dessus champs, par dessus villes,

C

Vola leger comme un Faucon
Droit vers la montagne Helicon,
Pour voir les filles de memoire,
Et là se rafraischir & boire:
Arriuant au double coupeau
Il trouua le docte troupeau,
Les neuf sçauantes Damoiselles,
Assizes dessus des bancelles,
Qui faisoient la dissection
Auecque grande attention,
De Madrigaux sur des absences,
Et d'un long ouurage de stances,
Sur quelques plaisirs accordez;
Iuppin les auoit commandez;
Iuppin qui du Ciel toûjours guigne
Quelque pucelle en droite ligne,
Dont sa femme Dame Iunon
Fait souuent mine de Guenon:
Trois des plus habilles d'entr'elles,
Mais ie n'ay pû sçauoir lesquelles
Auoient fait ces beaux carmes-là,
Deuant luy l'on les estalla,
Et le pria-t'on de les lire,
Il n'y trouua rien à redire,
Si ce n'est en quelques endroits
Certains mots qui n'estoient François;

TYPHON.

Puis il leur conta la colere
De Iupiter leur commun Pere,
Et comme il estoit deputé
Devers sa Gigantosité,
Pour apprendre à toute sa race
Comme ce grand Dieu les menace,
Malgré leurs centaines de mains
De les rendre moindres que Nains:
Là-dessus un pot de serizes
Par ces Donzelles bien apprises
Luy fut gayement presenté,
Et le dedans d'un grand pasté
Qu'Apollon leur Dieu tutelaire
Leur avoit depuis peu fait faire;
Mais il n'en mangea pas beaucoup,
Et beut seulement un grand coup,
Puis disant à Dieu vous commande
Il quitta la sçavante bande,
Et s'envolla sans s'arrester,
Où Typhon soulloit frequenter.
La nuit noire comme une More
N'estoit point arrivée encore
Lors que Mercure les trouva:
Mais tost apres elle arriva,
Et cacha le Ciel de ses voilles
Parsemez de cent mille Estoilles.

Quant à ces hommes inhumains,
Et tres-dangereux de leurs mains,
Ils estoient lors dans vne pleine
D'vne grande forest prochaine,
Occupez à faire vn bûcher,
Qui pouuoit rendre le bois cher,
Car vne forest toute entiere,
Estoit du buscher la matiere;
Mais il leur falloit tout de bon,
Grande quantité de charbon;
Car grande estoit la carbonnade,
Dont ils vouloient faire grillade.
Et Mercure au Cieux retourné
En estoit encore estonné:
Cent bœuf vollez par les charruës,
De leurs chairs sanglantes & cruës
Couuroient pour le moins vn arpent
De moutons quatre fois autant
Estoient en guise d'allouettes,
En de grandes broches mal faites,
Bien qu'on les eust faites exprés,
De grands Pins & de grands Cyprés.
Aussi-tost qu'arriua Mercure,
Ils firent vne ample ceinture
De leurs grands corps autour de luy,
Luy non sans craindre quelque ennuy

TYPHON.

D'vne gent si brutale & fiere,
Leur parla de cette maniere:
Iupiter plus grand que vous tous,
Mille fois plus grands fussiez-vous,
Vous mande auec vos riches tailles
Que vous n'estes que des canailles,
Particulierement Typhon
Luy semble vn tres-mauuais bouffon,
D'auoir de quilles ou de pierres
Izé casser ses plus beaux verres;
Si c'est querelle d'Alemant,
C'est bien manquer de jugement,
De ne redouter pas la foudre
Dont il mit les Titans en poudre,
Les grands hommes qu'il a perdus
Deuroient bien vous auoir rendus
Moins entreprenans & plus sages;
Mais plus cruels que des sauuages
Et sans craindre Archers ny Preuosts
Vous volez par monts & par vaux,
Des passans vous vuidez les poches,
Vous pillez Messagers & Coches,
Enfin qui vous cognoistra bien
Dira que vous ne valez rien.
Or Iupiter qui vous tollere,
Aimant la Terre vostre mere,

C iij

Et non pas vous qui ne valez,
L'eau que tous les iours auallez,
Veut bien oublier vostre audace,
Mais aussi qu'on le satisfasse,
Et que dans trois ou quatre iours,
Maintenant qu'ils ne sont plus cours,
L'vn de vous aille sans remize,
Droit à la ville de Venize,
D'où cent verres de compte fait,
(Car pour remeubler tel buffet
Il faut pour le moins la centaine)
Deuant la fin de la semaine
Humblement luy seront portez,
Par ce moyen vous éuitez
Les traits du courroux redoutable
De ce grand Dieu tres-équitable.
Ainsi Mercure leur parla,
Typhon criant taisez-vous là,
Car bien grand estoit le murmure
Que causoit harangue si dure,
Luy répondit d'vne voix d'Ours,
Et luy tint ce ioly discours ;
Mon pauure petit fils de Maye,
Ie ne dis que daye dan daye
A ces beaux discours gracieux
Que vous nous apportez des Cieux,

TYPHON.

Gentil Ambassadeur de quilles,
Croyez-moy, troussez vos guenilles,
Et sçachez qu'ils s'en faut bien peu
Qu'on ne vous iette dans ce feu;
Ca vrayment vostre sot message
Est un assez bon témoignage
Que les Dieux sont moins gens de bien
Que nous qui ne vous faisons rien:
Et pour vos tasses & vos verres,
Qui feront tant choir de tonnerres,
I'n'en ay pour vostre grand Dieu
Non plus qu'il en peut dans mon yeu:
Allez vostre dépesche est faite,
Tirez-vous d'icy braguenette.
Lors que Typhon eust ainsi dit,
L'Assemblée à rire se prit:
Puis cette maudite assemblée
Se mit à faire vne huée,
Dont ce Dieu se trouua confus
Autant que d'vn soufflet & plus.
Mais Typhon imposant silence
Empescha toute violence,
Et ce Dieu qui n'estoit pas sot
Se retira sans dire mot.
Pour Typhon & toute sa bande,
Ils firent cuire leur viande;

Puis ayans mangé comme loups,
Et beu chacun plus de cent coups,
Prés du feu ces veaux s'étendirent
Et paisiblement s'endormirent.
Et moy qui vous écris cecy,
Trouuez bon que ie dorme aussi.

Fin du premier Chant.

TYPHON,
OV LA
GIGANTOMACHIE.
POESME BVRLESQVE.

Chant second.

La rouge Amante de Cephale
De son Char où luit mainte opale,
Pleuroit, & respandoit ses pleurs
Sur les herbes & sur les fleurs;
Mercure sur le haut d'vn chesne,
Non sans auoir le corps en gesne,
Auoit cette nuict la gisté
Pour reposer en seureté.
(Car ces campaignes estoient plaines
De voleurs, & de tire-laines.)

D

Mais voyant l'aube il descendit
De ce tres-incommode lict,
Et se guinda quittant la terre,
Vers la region du tonnerre.
Quand dans le Ciel il arriua,
Iupiter au lict il trouua
Auec dame Iunon sa femme,
Qui souuent luy chante sa game :
Car souuent moins sage que fou,
Il va courir le guilledou ;
D'ailleurs, vn tres-grand personnage
Plain d'honneur, esprit & courage,
Et vrayment vous l'allez bien voir :
Car s'il n'eust bien faict son deuoir
Contre Typhon & sa sequelle,
Tous les Dieux en auoient dans l'aisle :
Car Typhon auoit resolu,
S'il deuenoit maistre absolu,
Aux vns de leur raser les nuques,
Des autres faire des Enuques,
Et distribuer aux Geants
Les Deesses & leurs enfans,
Pour en faire des choux, des raues ;
Mais à tous ces desseins si braues,
Le succez ne fut pas égal,
Son pauure cas alla tres-mal.

TYPHON.

Il fust battu, l'Acariastre,
Et quasi battu comme plastre,
Iupin fit choir cet homme lourd,
Et frappa dessus comme vn sourd,
Faisant voir luy cassant la teste,
Que son chien n'estoit qu'vne beste:
Et quand est de luy, qu'il estoit
Digne du sceptre qu'il portoit.
Mais disons par ordre la chose,
De peur que sur nous on ne glose;
Il estoit donc encore au lit,
D'où si tost que Mercure il vit
Il se ietta sans robbe prendre,
Tant il estoit pressé d'apprendre
S'il auroit satisfaction
De cette fiere nation.
Et bien (dit-il) quelles nouuelles,
Sont-ils soubmis, sont-ils rebelles?
Faut-il punir ou pardonner?
Faut-il se resoudre à tonner?
Grand Dieu, luy dit le fils de Maye,
La chanson de daye dandaye
Est tout ce que i'ay peu tirer
D'vn, sur qui vous deuez tirer,
Et retirer foudre sur foudre,
Ou vous n'auez qu'à vous resoudre

D ij

D'estre sans foudre ny demy
Bien tost pris de vostre ennemy;
Pour moy ie dois vne chandelle,
Pour l'auoir eschapé si belle,
Il ne s'en est falu que peu
Qu'on ne m'ait jetté dans vn feu,
Apres mainte niche soufferte.
Enfin ayant la bouche ouuerte,
Afin de leur representer
Ce qu'ils auoient à redouter,
Ils se sont mis sans me rien dire,
A s'entre-regarder & rire;
Puis sur moy crians au renard,
Et quelques-vns chien de bastard,
I'ay veu l'heure qu'apres l'injure
Vostre fils qu'on nomme Mercure,
Auecque sa Diuinité,
Alloit estre au moins souffleté.
Peut estre que dans la peur nostre,
I'ay pris vne chose pour l'autre,
Et l'oreille m'a peu corner :
Mais le fâcheux mot de berner
M'a frappé, me semble, l'oreille
A tel mot ce n'est pas merueille
Si vostre fils n'a plus songé
Qu'a prendre vistement congé.

TYPHON.

Et voila, grand Dieu du tonnerre,
Tout ce que i'ay faict sur la terre.
Puissay-je auoir dans peu de temps
La galle qui dure sept ans,
Si i'adjouste ou ie diminuë,
C'est la verité toute nuë.
Ce que ie vous dis icy d'eux
Aussi vray que nous sommes deux.
Il acheua presque en cholere,
Car au visage de son Pere
Il remarquoit auec ennuy
Qu'il n'estoit pas content de luy:
Mais Iupiter comme homme sage,
N'en donna pas grand témoignage;
Il luy dit, allez déjeuner,
Et ne manquez apres disner
De donner ordre qu'on assemble
Toutes les Deïtez ensemble
Pour sçauoir d'elles tout de bon
S'il faut faire iustice ou non.
Cependant Typhon dans son ame,
Ne respire que fer & flame,
Et par cette legation
Réueille son ambition;
Encelade le temeraire,
Et Mimas le plus sanguinaire

D iij

De tous ces superbes garçons
Luy donnent d'estranges leçons.
Hà vrayment, luy dit Encelade,
Si vous souffrez telle brauade,
Puissay-je deuenir Nabot
Si vous ne passez pour vn sot.
Ie voy bien clair dans cette affaire
Iupiter veut vous faire raire,
Et vous voyant moine tondu,
Dieu sçait s'il fera l'entendu:
Mais pour moy deuant qu'on me tonde,
Ie feray perir tant de monde
Qu'à iamais il sera jasé
Du grand Encelade rasé,
Si Iupiter de son tonnerre
Fait quelquefois peur sur la terre,
S'il écorne quelques rochers,
S'il rompt quelques foibles clochers
Ie veux qu'il sçache qu'Encelade
Sçait bien planter vne escalade;
Oüy ie veux qu'il soit déniché
Du Ciel où l'on le void juché,
Et que la maison estoillée
Deuenant maison désolée,
Venus, Pallas, & sa Iunon,
Sçachent si ie suis masle ou non,

TYPHON.

Si des Titans la fin tragique,
Faict que tel affront ne vous picque;
Moy tout seul qui tres-picqué suis
Feray voir seul ce que ie puis :
Demain dans ces mesmes campaignes
Mettant montagnes sur montaignes,
Ie feray voir à ces beaux Dieux,
Qu'on peut bien les battre chez eux,
Que si les Titans y manquerent
Les Dieux ne les en empescherent,
Des Dieux ce ne fut la vertu;
Mais oüy bien qu'ils n'en ont point eu
Les poltrons, qu'vne peau de chévre
Fit fuïr plus viste qu'vn liévre :
Mais peau de chévre ny de bouc,
N'exemptera Iupin du iouc;
Ie veux qu'il en courbe la teste,
Ce beau Dieu menace tempeste,
Dont la foudre aura beau peter
Deuant qu'il me puisse arrester;
Ie n'en diray pas dauantage,
Me suiue quiconque a courage,
Et quiconque n'en aura point
Garde son moule de pourpoint.
　Typhon cette harangue oüye,
Parut la face resioüie,

TYPHON.

Et puis deuenant furieux
Vomit la flame par les yeux.
Mimas le voyant ainsi faire,
De grand aise se mit à braire,
A son braire Porphirion,
Aux dents & griffes de Lyon,
Le redoutable Alcyonée
Plus méchant qu'vne ame damnée,
Ephialte, Eurite, & Pelor,
Athos, Celadon, Damasor,
Polibotte au groin de balleine,
Clytie, Hipolite, & Pallene,
Thoon, Agrie, Gration,
Coee, Iapet, Cinne, Echion,
Le grand assommeur d'ours Asie,
Almops, & l'endiablé Besbie
Se mirent à faire les fous,
Et hurlants plus fort que des loups,
Firent auec mille gambades
Deuant Typhon mille brauades,
Criants comme des furieux
Viue Typhon, malheur aux Dieux.
   Mais tandis qu'en terre on conjure
Iupiter qui dans le Ciel jure
Pour le moins autant qu'vn chartier,
Commande qu'en chaque quartier

Chacun

TYPHON.

Chacun tienne ses armes prestes,
Puis de ses foudres & tempestes
Faisant la perquisition
Et trouuant la munition
Trop courte pour faire la guerre,
Faist retourner Mercure en terre
Vers le Dieu qui faict les saisons,
Pour auoir des exhalaisons
Auec ordre, s'il n'en veut vendre,
De s'en rendre maistre & les prendre.
Le Soleil dit qu'il en auoit,
Mais que desia l'on luy deuoit
Dessus, vne somme assez bonne,
Qu'au Ciel on ne payoit personne:
Mais pourtant de tout son pouoir
Qu'il vouloit faire son deuoir:
Et bien qu'on ne les eust vsées
Qu'à faire petards & fusées,
Qu'il en alloit faire monter
Assez pour Iupin contenter,
Du Ciel autour duquel il tourne
Iusques où Iupiter séjourne,
Mercure ne fut qu'vn moment
Tant il vola legerement.
 Là les Deïtez assemblées,
Du bruict de la guerre troublées

E

Faisons toutes, s'en faut bien peu,
Bonne mine à fort mauuais jeu.
Aussi-tost que Mercure ils virent,
Tres-auidement ils s'enquirent
Des forces que Typhon auoit,
Et quels gend'armes il leuoit,
Et luy tirant de sa pochette
L'Extraordinaire & la Gazette,
Les quitta pour aller conter
Des nouuelles à Iupiter ;
Cependant dans la grande sale,
Où Iupiter son luxe estale,
Ces beaux Dieux furent introduis
Sans se complimenter à l'huis :
Car entr'eux chacun & chacune
Auoit rang selon sa fortune ;
Par exemple, le Dieu des Eaux
Precedoit celuy des Naueaux :
C'est à dire des iardinages,
Et Bachus celuy des villages,
(Aussi bien est-il Dieu du sang.)
Enfin eux tous selon leur rang,
S'allerent mettre à la rengette
Dessus des sieges de mocquette.
Tost apres. Monseigneur leur Roy,
Les vint trouuer en bel arroy,

TYPHON.

Cupidon luy portoit la queuë
D'vne robbe de couleur bleuë,
Ses cheueux estoient retroussez,
Et joliment entre-lacez,
D'vn fort beau ruban d'Angleterre,
Autrement ils trainoient à terre.
Dans sa main vn foudre il portoit,
Non pas de ceux-là qu'il jettoit,
Car il eust trop senty la poudre :
Mais seulement vn petit foudre
Qui ne portoit que douze pas.
Et souuent ne les portoit pas.
Auec luy son pere Saturne,
Vieillard seuere & taciturne,
Venoit apuyé sur sa faux
De peur de faire des pas faux.
Il fut placé dans vne chaise,
Prés de son fils fort à son aise.
Enfin chacun estant entré,
Et Pallas ayant remontré,
(Qui du Ciel estoit Chanceliere)
De Typhon la response fiere,
Et comme tous ces furieux
Témoignoient d'en vouloir aux Dieux,
Et qu'on sçauoit bien que la terre
Ne leur inspiroit que la guerre ;

Que le danger estant commun,
Iupiter vouloit que chacun
Dit son aduis en conscience,
Et parlast selon sa seance.
A peine auoit-elle acheué,
Que le Dieu Mars estant leué,
Mars qui n'eut iamais de ceruelle,
Cria, vous nous la baillez belle,
Auec vostre geant Typhon,
Et vostre dessein est bouffon
D'assembler des gens de ma taille
Contre cette vile canaille,
Deuant tous les Dieux ie le dy.
Taisez-vous Monsieur l'estourdy,
Dit Iupiter tout en cholere,
C'estoit à Neptune mon frere
A parler, & non pas à vous ;
Le Dieu des braues fila doux,
Et se remit dedans sa place
Faisant tres-piteuse grimace.
Alors Neptune ayant toussé,
Et plusieurs crachats repoussé
Qui vouloient sortir tout ensemble,
Discourut ainsi, ce me semble.
Ie ne sçay pas bien sermonner,
Mais alors qu'il faudra donner

TYPHON.

Qu'il faudra que le trident jouë,
Et que nostre bras se dénouë,
Si quelqu'un me voit des derniers,
Ie veux bien estre des premiers,
A qui ces grosses bestes fieres
Feront donner les estriuieres;
Or ie veux donner trois aduis,
Qui seront si l'on veut suiuis,
Si l'on ne veut pas ne m'importe,
Le premier, que par chaque porte
On n'entre & ne sorte pas tant,
Le second & plus important,
Attendez, ie vais vous le dire.
Il se teut, lors chacun de rire,
Car on s'aperçeut aisément
Que le Dieu du moite Element
Auoit oublié sa harangue,
Lors Iupin s'en mordant la langue;
Hé bien, quel est donc le second!
La memoire m'a fait faux bond,
Dit Neptune, & ie pense mesme
Auoir oublié le troisiesme:
Mais quand ie m'en ressouuiendray
Asseurément ie les diray.
Ne manquez donc pas de les dire,
Dit Mome s'ébouffant de rire,

E iij

Car ces aduis sont des plus beaux.
A ce mot le grand Dieu des Eaux
Deuint rouge comme escarlatte,
Car iusqu'à se rompre la ratte
Il voyoit rire tous les Dieux:
Mais Bachus s'essuyant les yeux
Fit cesser toute la risée,
Puis d'vne parole posée,
Dont agreable estoit le son,
Harangua de cette façon.
Ie veux bien dedans la tauerne
N'entrer iamais qu'on ne m'y berne,
Si Monsieur le peuple Diuin
Faute de s'adonner au vin,
Ne passe pour sot chez les hommes,
Qui bien plus fins que nous ne sommes
Sçauent bien se donner du cœur
Par cette agreable liqueur,
Quittons quittons la l'ambrosie,
Comme vne viande mal choisie
Et nous adonnons aux iambons
Qui sont si sauoureux & bons,
Laissons le Nectar aux malades
Aussi bien que les limonnades,
Et que l'on fasse entrer ceans
Vin de Bourgongne & d'Orleans,

TYPHON.

Et vous verrez que mes Menades
Feront de telles algarades
A ces Monstres embastonnez,
Qu'ils en auront vn pied de nez,
Et que nous aurons la victoire.
Viste qu'on me luy donne à boire,
Dit Mome, car il a bien faict,
Et nous ferions bien en effect
De boire sans faire la guerre
Pour la simple patte d'vn verre,
Outre qu'ayant tousiours la paix
Nous n'aurions la guerre iamais.
Vous ne voulez donc pas vous taire;
Enfin vous en pourrez tant faire
Que vous vous ferez soufleter,
Dit en cholere Iupiter;
Mais quoy que Iupiter peust dire,
Le drolle ne s'en fit que rire,
Et Vulcan qui ne l'aymoit point
Tirant Iupin par son pourpoint
Luy dit tout bas ostant sa tocque,
Sire, voyez comme il se mocque,
Iupiter dit, ie le voy bien:
Mais il ne valut iamais rien
Ny luy ny pas vn de sa race.
Remettez-vous en vostre place,

Et sans parler trop ny trop peu,
Aprenez-nous, grand Dieu du feu,
Le moyen de donner bon ordre
A ces chiens qui nous veulent mordre.
Lors Vulcan dit, pere tres-haut,
Ie vous diray tout ce qu'il faut,
Contre ces grands ietteurs de quilles,
Qu'on me fasse attacher des grilles
Aux fenestres qui sont aux Cieux,
Et ie promets à tous les Dieux
De leur en faire de si bonnes,
Que sur leurs Diuines personnes
On ne pourra pas attenter;
Mais il ne faut plus s'arrester
Dans cette affaire qui nous presse,
Ie feray trauailler sans cesse
A nous griller comme Nonains:
Et lors ne fussions nous que Nains,
Nous ne craindrons plus les surprises,
Et confondrons les entreprises
De ces endiablez de Geans
Pires cent fois que mécreans,
Et c'est-là le nœud de l'affaire.
Mome qui ne se pouuoit taire,
Dit, ma foy c'est bien aduisé,
Et Vulcan est homme rusé,

TYPHON.

Car aisément par les fenestres
Les Geants se feroient nos maistres.
Ainsi quand Corbie fut pris,
On dit que quelques bons esprits
Ordonnerent qu'on fit des grilles
Pour se garantir des foudrilles,
Du redoutable Iean de Vert
Qui lors les auoit pris sans vert.
Il dit cela comme extatique,
Et dans un transport frenetique
Iupiter qui le vit changé
Comme quand on est enragé,
Vit bien que cette prophetie,
(Qui dans nos iours s'est éclaircie)
Estoit ouurage du destin
Qui luy causoit cet auertin.
Cependant la nuict arriuée,
Et la troupe s'estant leuée
Iupin fit signe de la main,
Et dit, l'on vous verra demain,
Chacun fit lors le pied derriere,
Et chacun dans sa chacuniere
Se retira sans faire bruit
Qu'il estoit desia noire nuict.

Fin du second Chant.

TYPHON, OV LA GIGANTOMACHIE.

POESME BVRLESQVE.

Chant troisiesme.

Andis que les fils de la terre,
Ne songent qu'à faire la guerre,
Le Dieu qui preside aux saisons
Amasse des exhalaisons.
Ces exhalaisons amassées,
Et deuers l'Olympe chassées
Desroberent le Ciel aux yeux,
Et l'aspect de la terre aux Cieux;
Mais ce fut bien moins le dommage
Des Geants, que leur aduantage:

Car ayans toute cette nuict
Trauaillé sans faire du bruict
A leur temeraire entreprise,
Peu s'en falut que par surprise
Le grand Encelade sans peur
Fauorisé de la vapeur
Ne fit aux Dieux vne incartade
Correspondante à sa brauade.
Ayant entaßé mont sur mont
Et tâchant d'attacher vn pont
Contre vne petite fenestre
Dont il se vouloit rendre maistre,
A l'instant mesme l'on l'ouurit;
Lors Dieu sçait quelle peur surprit
Iupiter, qui par aduanture
Faisoit cette sotte ouuerture;
Qu'il me pardonne, s'il luy plaist,
Si ie dis que tout Dieu qu'il est,
A l'aspect de ce gros visage
Il pensa perdre le courage,
Au moins s'écria-il bien fort,
Misericorde, ie suis mort!
A son cry Iunon éueillée,
Vint à luy toute débraillée,
Et criant bien fort trahison
Esueilla toute la maison.

Sur ces piteuses entrefaites,
Deux Dieux auec des escopettes
Vinrent se joindre à Iupiter
Qui ne faisoit que tempester,
Criant, que l'on me donne vn foudre,
Ma mesche & ma boitte à la poudre.
Enfin le foudre estant venu,
Le bras droit iusqu'au coude nu:
(Car tel estoit son équipage
Quand il vouloit faire carnage)
Il alla d'vn cœur franc & net,
Casque en teste au lieu de bonnet,
Ouurir la maudite fenestre,
Afin d'essayer si peut-estre
Il pourroit d'vn coup de sa main
Faire tomber cét inhumain?
Mais de cette fenestre ouuerte
Pensa bien arriuer sa perte:
Car Encelade d'vn grand tronc,
D'vn Cedre tres-grand & tres long,
Luy poussant vne botte roide
Luy fit venir la sueur froide,
Dont tout esperdu sans tirer
Il ne fit que se retirer.
Qui n'eust creu par cette retraitte
La Cour Celeste estre defaite;

TYPHON.

Car quand on le veid reculer,
Chacun se mit à destaler.
Luy tout seul armé de son foudre
A demeurer se peut resoudre:
Mais le sort des armes voulut
Que le Geant entrer ne put,
La fenestre estant trop petite:
Et cependant d'une guerite,
Buches, cotrés, plastras, fagots,
Luy vinrent tomber sur le dos,
Et puis vne chauderonnée
D'eau chaude tres-bien assenée,
En le bruslant, qui le croiroit,
Fit que de chaud il deuint froid,
Dont faisant tres-laide grimace
Il fit prendre à Mimas sa place,
Mimas ne demandant pas mieux,
Prit sa place tout furieux,
Et se lançant dans la fenestre,
Iupiter le voyant parestre,
D'vn coup de foudre qu'il tira
Tout le museau luy déchira.
En cet endroit, i'oy ce me semble
Quelque fat ou plusieurs ensemble,
S'estonnant de ce que Mimas
Entroit, & l'autre n'entroit pas;

F iij

Mais i'escris sur de bons memoires,
Et s'il lisoit bien les histoires,
Il sçauroit qu'vn Autheur escrit
Que Mimas estoit plus petit,
Pour le moins de deux ou trois picques.
Mais laissons là ces beaux critiques,
Et retournons vn peu la haut
Voir comme se passe l'assaut,
Au bruit de Iupiter qui tonne,
Et du tocsin qu'au Ciel on sonne:
Tous les Dieux bien embastonnez,
Et tres-bien intentionnez,
Conduits par Minerue la sage,
Vinrent où ce Dieu faisoit rage,
Et deuant qui son ennemy
Ne combatoit plus qu'à demy,
Ne songeant qu'à faire retraicte
La partie estant si mal faicte,
Outre qu'il se trouuoit fort las
Et qu'il eust peur voyant Pallas.
Il regaigna donc la fenestre,
Et Iupiter s'en rendit maistre,
Criant, courage ils sont à nous,
Les infames ont peur des coups.
Apres ce cry, vray cry de ioye,
Derechef sur eux il foudroye,

Et le foudre les effrayant,
Vn chacun d'eux s'en va fuyant;
Lors Iupin prit vne hallebarde
De l'vn des Archers de sa garde,
Et sur son aigle enharnaché
S'estant allegrement iuché
Suiuit cette maudite engeance
Ne respirant que la vengeance:
Les Dieux à la faueur du pont
Qui donnoit iusques au grand mont
Sur lequel le grand Encelade
Auoit fondé son escalade,
Armez de picques & d'espieux,
Suiuirent le Maistre des Dieux.
Deuant eux la terreur panique,
Bien plus que des esperons picque,
Ces grands & démesurez corps
Qui ne se souuiennent alors
De leurs belles rodomontades,
De leurs discours, plains de brauades,
Et qui plus poltrons que chastrez
Fuyent à trauers champs & prez,
Deuant le Maistre du tonnerre
Sans songer à faire la guerre:
Mais ce grand Dieu sage & prudent,
Ne croid pas son courage ardent,

Et l'ennemy point ne mesprise;
De crainte de quelque surprise
Bien loing de croire le Dieu Mars.
Qui vouloit que de toutes parts
On courut à bride abatuë,
Criant apres eux tuë, tuë;
Et puis de son Aigle il voyoit
L'ennemy qui se r'allioit
Et s'en venoit teste baissée
Reparer sa faute passée.
Sans descendre donc de cheual,
(Mais attendez, ie parle mal:
Car vn aigle estoit sa monture
Comme l'enseigne sa peinture)
Sur son aigle doncques monté,
Vn grand tonnerre à son costé,
Il dit ces mots (comme raconte
L'Autheur nommé Noelle Conte.)
Beaux habitans du Firmament,
Ie veux que maudit soit qui ment
Si i'espargne auiourd'huy mon foudre,
Quoy que i'aye fort peu de poudre:
Mais aussi, mes chers Citadins,
N'allez pas faire les badins;
Cecy n'est pas vne vetille
Bien qu'il vienne d'vn coup de quille,

Il y va de tous vos escus,
Et de n'estre pas fait cocus
Par ces méchans, par ces infames,
Qui sur tout en veulent aux femmes.
Vrayment nous leur en garderons,
Ha vrayment nous leur en ferons
Mais ce seront de bonnes playes,
Nonobstant leurs bois de fustayes,
Car ils sont tous embastonnez
De grands arbres déracinez,
Mais i'espere à coups de tonnerre
De les casser comme du verre,
Et si bien vous me secondez
Ie les tiens tres-incommodez.
Comme il disoit ces belles choses,
Qu'on lit dans les Metamorphoses,
Messieurs les Geants furent veus
De gros bastons tres-bien pourueus,
Encelade estoit à la teste
Qui venoit comme vne tempeste.
Si tost que le Dieu Mars les vit
A courir contr'eux il se prit:
Encelade ayant fait de mesme,
Le bon Dieu deuint vn peu blesme;
Non sans raison, craignant le choc
D'vn Geant ferme comme vn roc.

G

Les deux Camps firent des prieres
Voyant ces deux ames si fieres,
Ces deux braues si gens de bien
Se ioindre pour se faire rien :
Car aussi-tost qu'ils se ioignirent
Par malheur ils s'entre-craignirent,
Glaiues pourtant furent tirez,
Car ils estoient trop éclairez.
L'vn dit, ie demande la vie,
Et l'autre, comme par enuie
Cria, ie la demande aussi,
Et la noise finit ainsi.
Cela faict ils se saluerent,
Et dans leurs troupes se meslerent,
Lesquelles aussi se mesloient,
Desia maints durs coups y voloient,
Et Pan, d'vne conque marine
Iusques à s'en courber l'échine
Y faisoit rage de corner,
Si qu'on n'entendit pas tonner
Iupiter qui de son tonnerre
Auoit porté Mimas par terre,
Mais le coup n'eut aucun effet
Sinon, qu'il en fust stupefait.
Il se releua plein de rage,
Et courant vers Pallas la sage

TYPHON.

Luy fit tomber vn horion
Iustement sur le croupion.
Pallas d'vn coup de lance gaye
Luy fit vne profonde playe
D'où sortit vn large ruisseau
De sang noir comme mon chapeau.
Cependant le grand Encelade
Prit Mercure par sa salade :
Mais ce Dieu d'vn croc qu'il donna
Ce grand homme desarçonna.
Là dessus Silene l'yurogne,
Au gros ventre à la rouge trogne,
Poussant sur luy son animal
En peu de temps luy fit grand mal.
O vous, qui paroissez en peine
Du nom de la beste à Silene,
C'estoit, vray comme le iour luit,
Vn grand asne & cé qui s'ensuit.
Or ie vay vous conter merueilles
De cet asne à grandes oreilles ;
Tandis qu'on est dans le combat,
Que l'on est batu, que l'on bat,
Que chacun songe à son affaire,
Ce grand asne se mit à braire :
Mais braire de telle façon,
Qu'à cet espouuentable son

Les Geants se mirent en fuite,
Et les vaillans Dieux à leur suite:
Mais ils ne poursuiuirent pas.
Les Geants allans trop grand pas,
Ils firent halte dans la plaine
Afin de reprendre l'haleine.
 Cependant vn valet de pié
Du vieil Saturne, estropié
Par vn furieux mal de gouttes,
Fit naistre à Iupin de grands doutes:
Car par vn billet enuoyé
Dont le port n'estoit pas payé,
Son pere luy mandoit, qu'à Rome
Il auoit apris d'vn grand homme
Que les Geants ses ennemis
Ne seroient iamais à mort mis
Sans le secours & la vaillance
D'homme de mortelle naissance;
Et que depuis Nostradamus
Homme qui n'estoit pas camus,
(Mais qui de loin sentoit les choses
Et les cognoissoit par leurs causes)
Auoit cét aduis confirmé,
Et que s'en estant informé
D'vne vieille Bohemienne
Que l'on tenoit Magicienne,

TYPHON.

La Magicienne auoit iuré
Que c'estoit vn faict asseuré
Que Tiresias & Prothée
Auoient mesme chose chantée.
Certain iour qu'il les fut trouuer
Pour certain argent recouurer
Qu'vn Lacquais qu'il auoit fait pendre
Auoit eu l'audace de prendre.
Iupiter ces aduis reçeus,
Voulut vn peu resuer dessus
Pour ne rien faire à la vollée,
Puis ayant Minerue appellée,
Neptune, Mercure, & Bachus,
Et Vulcan patron des cocus.
Il leur dit, leur lisant la lettre,
Qu'il ne sçauoit quel ordre y mettre,
Et qu'il se trouuoit confondu
Par cet aduis non attendu.
Lors Minerue dit, que mon pere
Pour cela ne se desespere,
Son fils Hercule est vn mortel
Si fort, si vaillant, enfin tel,
Que tout aura fort bonne issuë
Si l'on fait agir sa massuë,
Et son infatigable bras
Contre ces maudits fierabras.

Cela dit, un homme de mule
Fut dépesché devers Hercule,
(I'eusse dit homme de cheval,
Mais aussi i'eusse rimé mal,
Et Messieurs de l'Academie
Ne me le pardonneroient mie.)
Là dessus un Dieu forestier,
Grand espion de son mestier,
Sortant de la forest prochaine,
Dit que c'estoit chose certaine
Que les Geants se rallioient,
Et que Typhon, comme ils fuyoient
Leur avoit faict tourner visage,
Qu'il venoit escumant de rage
Suiuy de grands vilains soudars
Portans arbres au lieu de dars.
Iupin cette nouuelle oüye,
N'eut pas la face réjoüye,
Puis se r'asseurant à demy;
Mais à propos de l'ennemy,
(Ce dit-il) ie ne puis comprendre
A quel sujet, sans combat rendre
Il s'est retiré si soudain
Fuyant aussi viste qu'un dain.
C'est le grand asne de Silene,
Dit alors Mercure Cillene,

TYPHON.

Si tost qu'il s'est à braire mis
Il a chassé les ennemis.
Vrayment, dit Iupin, il merite,
Et sa vertu n'est pas petite,
Où l'auez-vous trouué si beau ?
Lors Silene dans Mirebeau,
Il est de tres-bonne famille,
Au reste, d'humeur tres-gentille,
Et qui dans le Mirebalais
A des fils qui ne sont pas lais.
Iupiter se mit à sousrire,
Mais au fond du cœur il souspire,
Et s'il rit, c'est du bout des dents,
Vray signe qu'il souffre au dedans
De ce que son bruyant tonnerre
Ne suffit à finir la guerre.
Là dessus un bruit furieux
Fit perdre la couleur aux Dieux ;
Ce bruit, plutost ceste tempeste
Leur ayant faict tourner la teste,
Ils dirent, Dieu soit auec nous,
Car, helas ! ils tremblerent tous,
Ils virent cet espouuentable,
Ce monstrueux, ce redoutable,
Ce grand visage de Griffon,
Cet incomparable Typhon

Affreux, par les estranges mines
De ses cent testes serpentines,
Qui venoit auec ses cent mains
A la teste de ses Germains,
Châque main branloit vne gaule,
Pour laquelle Amadis de Gaule
Auroit, certes, tout faict sous luy
Le plus grand homme d'aujourd'huy,
Sans auoir lunettes d'aproche
N'eust pû discerner son nez croche.
De plus, cet homme sans égal
Estoit bel homme de cheual,
Estoit des plus grands Politiques,
Et sçauant és Mathematiques;
Pour moy, ie ne l'ay pas sçeu. Mais
Allez voir Natalis Comes,
Il vous en dira dauantage.
Les Dieux, donc faillis de courage,
Ne sceurent, le voyant venir,
Quelle contenance tenir :
Iupin, seul digne de sa charge,
A son foudre mit double charge
Et s'en alla le foudroyer ;
Le grand Typhon sans s'effrayer,
Attendit ce grand coup de foudre
Qui le deuoit reduire en poudre,

TYPHON.

Et ne daignant s'en remuer
Il n'en fit rien qu'esternuer
A cause qu'il sentoit le souphre;
Lors tirant, comme d'vn grand gouffre,
De sa bouche vn rot éclattant,
Ce grand rot fit du bruit autant
Et plus mesme que le tonnerre,
Dont quelques Dieux tombans à terre
Penserent se rompre le cou;
Le Geant en rit comme vn fou,
Et dit, se tournant vers ses freres,
Voila de rudes aduersaires.
Mars se sentant ainsi picquer
S'aduantura de l'attaquer;
L'abordant auec vne hache,
Et bien couuert d'vne rondache,
Typhon qui ne l'apprehenda
Chiquenaude luy debenda
Droit au milieu de la poictrine
Et le renuersa sur l'échine.
A ce coup, qui les Dieux surprit
Et qui leur fit perdre l'esprit,
Le bon Iupin sans dire gare
Tres vergogneusement démare :
(Pour son grand aigle, il prit l'essor
Où l'on m'a dit qu'il est encor)

H

Minerue montra qu'en vitesse
Elle égaloit vne tygresse.
En vn mot, tous les autres Dieux
Se sauuerent à qui mieux mieux;
Typhon aymant le brigandage
S'alla ruer sur le bagage,
Au lieu que s'il les eust chassez,
Ils s'en alloient tous fricassez:
Mais autrement la destinée
Auoit cette chose ordonnée,
Et l'on peut dire que le vin
Sauua lors le peuple Diuin;
Car dans le quartier des Silenes
Quantité de bouteilles pleines
De vin d'Orleans tres-fumeux
Aux Geants yurognes comme eux
Furent d'assez fortes entraues
Pour arrester long-temps ces braues,
Outre que Monseigneur Typhon
Se mit à faire le bouffon
Ayant aualle trop d'vn verre.
Cependant le lance tonnerre
Et tous ses gend'armes peureux
Regardoient souuent derriere eux,
Estonnez que ces bestes fieres
Ne leur tailloient point de croupieres:

TYPHON.

Mais helas! leur estonnement
Ne dura quasi qu'vn moment?
Typhon en fort peu d'enjambées
Vit dans ses grandes mains tombées
Mesdames les Diuinitez,
Lors Iupin de tous les costez,
Voyant sa ruine certaine
S'enfuit dans la forest prochaine,
Tous les Dieux en firent autant.
Typhon de rire s'éclatant
Fit au Ciel mille petarades
Et mille plaisantes gambades,
Criant, Iupiter est sanglé
Et ie le tien comme en vn blé:
Mais bien souuent l'homme propose
Et fortune autrement dispose.
Iupiter se faisant belier
Luy fit vn tour de son mestier,
Sa femme Iunon deuint vache,
Neptune vn leurier d'atache,
Mome singe, Apollon Corbeau,
Bachus vn bouc, Vulcan vn veau,
Pan vn rat, Venus vne cheure,
Le Dieu Mars vn grand vilain liévre,
Diane femme d'vn marcou,
Mercure cigogne au long cou:

H ij

Enfin sans changer de nature,
Les Dieux changerent de figure,
Et dans la forest se cachans
Firent la nicque à ces meschans.
Ces méchans & toute leur bande
Font dans la forest rumeur grande,
Eux & Typhon bien estonnez,
De n'y trouuer qu'vn pied de nez,
Typhon en fureur déracine
Le grand arbre comme l'espine,
Court la forest de bout en bout
Et de ses cent bras brise tout
Cependant des Dieux la brigade,
Ou bien plutost la mascarade,
File vers le pays fertil
Qu'arrouse le fleuue du Nil,
Et Typhon confondu, s'afflige,
De n'en trouuer aucun vestige,
Mais bien tost il les reuerra,
Et trop tost, car il en mourra.
Vous verrez dans les Chants qui suiuent
Comme mal meurent qui mal viuent.

Fin du troisiesme Chant.

TYPHON,
OV LA
GIGANTOMACHIE,
POESME BVRLESQVE.

Chant Quatriesme.

I L estoit entre chien & loup
Lors que Iupiter fit son coup,
Et changea les Diuines testes
En autant de terrestres bestes:
Ces Dieux affligez & dolents
A cheminer ne sont pas lents,
Ils vont du pied comme des Basques,
Et ny plus ny moins que des Masques.

H iij

Qui viennent de perdre vn Momon
Ne s'entredisent rien de bon:
Mais l'œil triste & la teste basse
S'esloignent d'où le taupe masse
Leur a donné mortel eschec,
Mettant leurs pochettes à sec.
Ces pauures Dieux masquez de mesme,
L'œil pleurant & la face blesme
De se voir ainsi debellez,
Par ces Collosses rebellez,
Auoient perdu le mot pour rire,
S'entreregardoient sans rien dire,
Chacun trauersant les guerets,
Faisant à part mille regrets,
Tant de se voir sans nulles bottes
Patroüiller au milieu des crottes,
Que de leur bagage perdu,
Qui ne leur sera point rendu.
Enfin si bien ils cheminerent,
Et si bien les pieds ils menerent,
Qu'vn matin ils virent les eaux
Du fameux fleuue aux sept canaux:
A l'aspect des eaux souhaittées,
Toutes les Deïtez crottées
Rallentirent vn peu leurs pas.
L'ennemy ne les suiuant pas:

TYPHON.

Puis Iupiter chargé de laine
Commençoit à manquer d'haleine,
Et n'alloit plus que d'vn gigot
Ayant vne espine à l'ergot
Qui le contraignit de se rendre,
Et se coucher sur l'herbe tendre;
D'où tost apres s'estant leué,
Apres auoir vn peu resué
Il fit en Grec cette Harangue
Que ie vous donne en nostre langue.
Helas mon Dieu que dira-t'on
De Iupin deuenu mouton?
Et que diront de nous les hommes
Au piteux estat où nous sommes.
O mes bons amis trauestis,
De grands nous voila bien petits.
Mais dessus nous la destinée
Ne sera tousiours acharnée;
Nous voila tantost dans Memphis
Où ie feray trouuer mon fils,
Et d'où comme d'vn embuscade
Nous irons donner camisade
Au rebelle malicieux
Qui nous croid estre dans les Cieux.
Cependant il faut que Mercure
Change vistement de figure,

Fit que desrobant en passant
Quelque habit à quelque passant,
Car entrer tout nud dans la ville,
La chose seroit inciuile;
Il s'en aille nous acheter
Quelque argent qu'il puisse couster,
Dequoy nous mettre en équipage.
Le Dieu Mercure à ce langage,
Sans respondre ny barguigner,
Sans aussi se descigoigner,
Vers la ville prit sa volée;
Puis voyant certaine assemblée
D'hommes nuds qui le long du Nil
Cherchoient des nids de Crocodils,
Il s'en alla laste baissée
Comme vne Cigoigne lassée,
S'asseoir aupres de ces gens-là.
Eux alors crians prenons-la,
Coururent apres la Cigoigne;
Le Dieu tant soit peu d'eux s'éloigne,
Feignant tousiours d'estre bien las,
Puis soudain tournant sur ses pas
D'vn de leurs habits il s'empare,
Et tres-joyeusement s'en pare,
Se faisant voir au lieu d'oyseau
Vn tres-honneste Damoiseau.

TYPHON.

Toute la troupe basanée
De ce grand prodige estonnée,
S'enfuit, & Mercure vestu
Suiuit vn grand chemin batu
Qui le mena droit à la ville,
Où bien tost comme tres-habile,
Chez vn Iuif Isac appellé,
Il changea son habit volé,
Et dressa tout son équipage
Pour des perles qu'il mit en gage,
C'estoit le collier de Venus,
Qui lors habilla les Dieux nuds.
Enfin pour abreger mon conte
Si long dé-ja que i'en ay honte:
Il acheta d'Abnelcao
Escuyer du Roy Pharao,
Vn fort beau mulet de voiture
Animal de grande stature.
Cela fait faute de valet,
Touchant deuant luy son mulet,
Et par fois luy montant en croupe
Il alla retrouuer sa troupe,
Il distribua promptement
A chacun son habillement.
Les Dieux aussi tost se vestirent,
Et joyeusement le suiuirent;

I

Il les mena droit à l'escu,
Dont l'hoste estoit vn peu cocu;
Sa femme estant vn peu coquette,
Qui certes fut bien satisfaite
De voir chez elle ces beaux Dieux,
Si bien faits & si gracieux.
Or comme le gousset des hommes,
Au moins de ce Siecle ou nous sommes
Put le plus souuent vn peu fort,
Et quelquefois plus qu'vn ramort;
Il estoit des Dieux au contraire,
Leur gousset ne faisoit que plaire,
Et leur aisselle n'exhaloit
Qu'odeur qui le nez consoloit:
Cette odeur inaccoustumée
Auoit la maison parfumée,
Et le quartier l'estant aussi,
Chacun se disoit qu'est-ce-cy.
En fin cette vertu celeste,
A tout Memphis fut manifeste,
Et comme gens venus de loin
Qui sentoient bien fort le Benjoin,
Et mesme quelque odeur meilleure,
A l'escu faisoient leur demeure.
Or vn iour qu'ils estoient sortis,
Ils furent des grands & petits

Regardez par grande merueille;
On s'entredisoit à l'oreille
Ce qu'on pensoit que Iupin fût,
Mais sans iamais donner au but.
En fin selon la voix publique
Que lors chacun crut sans replique,
Ils furent des Egyptiens
Estimez des Comediens,
Quoy qu'à la pluspart cette bande
Parust & trop riche & trop grande.
Or ie pense auoir oublié
Que Iupin auoit enuoyé
Mercure vers le fils d'Almene,
Et qu'il se trouuoit bien en peine,
De ce que huit iours attendu
Il ne s'estoit encor rendu
Aupres de Monseigneur son pere,
Cela le mettoit en cholere,
Outre que la route des Dieux
L'auoit rendu capricieux.
En fin vn iour de la fenestre,
Il vit de loin son fils parestre,
Il courut à luy comme vn fou,
Et pensa se rompre le cou;
Le grand Amphitrioniade
Luy fit profonde genoüillade,

I ij

Puis aux bras dessus bras dessous,
Et aux comment vous portez-vous.
La Troupe des Dieux & Deesses
Luy vinrent faire des carresses :
Lors les Dieux si bons & si beaux
Furent veus pleurans comme veaux,
Quoy qu'au beau milieu de la ruë
Où la foule s'estant accruë
De ceux qui les consideroient,
Et qui Iupiter admiroient,
Car il auoit repris la mine
Du Dieu qui dans le ciel domine,
Et les autres Dieux l'imitans
Auoient les museaux esclatans.
Iupiter fit vne grimace
Qui fit peur à la populace.
Lors quelqu'vn dit quittant ce lieu,
C'est, ie me donne au diable, vn Dieu,
Ie le connois à l'encoulure,
Et mieux encor à son allure,
Car il ne va pas comme nous,
Mais seulement glisse tout doux
Comme l'on fait dessus la glace :
Ce bruit courut de place en place,
De quarrefour en quarrefour,
Et paruint vers le point du iour.

TYPHON.

Iusqu'aux oreilles du grand Prestre,
Qui tres-curieux de connestre
Si l'on disoit la verité,
Tout à l'heure bien assisté
Des plus apparens de la ville,
Troupe tres-honneste & ciuile,
S'en alla trouuer Iupiter
Afin de le complimenter,
Luy portant mainte chose exquise,
Dont cette region se prise,
De vray baume quatre poinsons,
Du Nil quantité de poissons,
Enuiron deux cens Crocodilles,
Vingt Ichneumons, cinq cens anguilles,
Trois Hipopotames priuez,
Et deux paires de gans lauez;
Puis sachant qu'il estoit en guerre,
Ils offrirent encor leur terre,
Et s'il vouloit dans leurs Estats,
De faire leuer des Soldats.
Ce Dieu leur dit en recompense,
Qu'il leur vouloit donner dispence
D'estre, s'ils vouloient, gens de bien,
Et sans qu'il leur en coutast rien,
Qu'ils seroient exempts de vermine,
De peste, de guerre & famine,

Et que leur fleuue tout de bon
Ne leur feroit iamais faux-bon;
Cependant le pauure Mercure
Contre sa Diuine Nature,
Ne fit ce iour-là que pester :
Car le seuere Iupiter
L'enuoyoit pour auoir nouuelles
Du dessein qu'auoient les rebelles,
Voulant se mettre sur leurs pas
Alors qu'ils n'y penseroient pas.
Il part, il reuient, & raporte
Que Typhon auoit fait en sorte,
De mettre Osse sur Pelion,
Et disoit, fier comme un Lyon,
Que bien tost malgré le Tonnerre
Madame sa mere la Terre,
Verroit ses enfans dans les Cieux
A la barbe de tous les Dieux.
La nouuelle estoit veritable :
Car cét escadron redoutable
Apres auoir en vain cherché
Son ennemy trop bien caché,
Estoit retourné sans remise
A sa temeraire entreprise,
Et sur les morceaux concassez
Des Monts l'un sur l'autre entassez,

TYPHON.

En auoit desia planté d'autres
Bien plus grands que ne sont les nostres.
A cela Iupin dit, il faut
Battre le fer quand il est chaud.
Hercule à qui la main demange,
Enrage desia qu'il ne mange
Le grand Typhon à belles dens;
Les autres ne sont moins ardens:
Car d'Hercule le fier langage
Leur auoit haussé le courage:
En fin par vn beau Samedy
Des grands Dieux l'escadron hardy,
Alla remonter sur sa beste,
Chacun ayant l'esprit en feste,
Presage du succez heureux
Que ces courages genereux
Deuoient auoir en Thessalie:
A moy seroit grande folie
De rapporter exactement
Quel fut leur acheminement:
Vous suffise, qu'ils arriuerent
Pres des Geans, qu'ils se camperent,
Et que Iupiter & son Fils,
(De Tonnerres faits à Memphis
Il auoit pleine vne charette)
Allerent la nuit sans trompette,

D'vn foudre qui tout entamoit,
Resueiller le chat qui dormoit;
Ce chat estoit, ne vous desplaise,
Typhon qui dormoit à son aise,
Pensant bien de son échaffaut,
N'auoir plus à faire qu'vn saut
Iusques au Trosne de l'Olympe.
Mais bien bas cheoit qui trop haut grimpe.
Comme ceux qui cecy liront,
Dans vne page ou deux verront
A ce fracas espouuentable
Typhon le geant redoutable
Sauta du lit en calleçons,
Et tous ces grands mauuais garçons
Quitterent bien tost la paillace,
Et bien peu s'en falut la place:
Mais leur frere les rasseura,
Qui tant que cette nuit dura
Voulut qu'on se tint sur les armes
Pour faire la nicque aux alarmes.
Tout aussi tost que le iour vint
A la haste conseil il tint;
Typhon leur reprocha la crainte
Dont ils auoient eu l'ame atteinte
Au bruit qu'auoit fait Iupiter,
Et dit qu'on ne deuoit douter

TYPHON.

Du succez de leur entreprise,
Puis que l'ennemy par surprise
Ayant dessus leur camp tiré,
N'auoit autre chose operé,
Que donner nouuelle asseurée,
Que dedans la voûte azurée
Les Dieux s'estoient allez cacher,
Qu'il les en falloit dénicher :
Que pour cet effet Encelade
Voit hazarder l'escalade
Soustenu de Porphirion,
D'Athos, d'Asie, & d'Echion,
Et de cent partie armez d'arbres,
Partie aussi iettans des marbres.
Typhon auoit bien raisonné,
Mais il n'auoit pas deuiné,
Que ce meschant coup de tonnerre
Estoit stratageme de guerre,
Pour faire croire aux conjurez,
Que les Dieux s'estoient retirez
Dedans leur celeste demeure :
Ils le creurent à la malheure ;
Mais de leur superbe eschafaut
Iupin leur fit prendre le saut,
Et contraignit iusqu'en Sicille
Le grand Typhon de faire grille,

TYPHON.

Où de dessous le Mont Ætna
Pû sortir du depuis il n'a.
Ce iour là n'eut rien de notable,
Sinon que sans quitter la table,
Ce grand Typhon & ses consors
Se remplirent si bien le corps,
Que ce pendant le fils d'Alcmène
Reconnut tout leur camp sans peine;
Cependant les Dieux dans les bois
Estoient cachez en tapinois;
Pour Mars enragé de se battre,
Il fallut le tenir à quatre;
Dont Iupin bien fort s'offença,
Et quasi deux fois le cassa.
Mais Venus la mere d'Enée,
Fit que sa faute pardonnée,
Iupiter rien n'en tesmoigna,
Et le voyant le bien-veigna.
L'autre Chant vous aprendra comme
Fut occis Typhon le pauure homme,
Et sous vn Mont ensulphuré
Estroitement claquemuré.

Fin du Quatriesme Chant.

CHANT CINQVIESME.

MVSE qui regis le Comique
Viens à moy de grace, & me picque,
Viens du son de ton flageolet
Me rendre l'esprit tout folet;
Vainement ie songe & resonge,
Et mes pauures ongles ie ronge,
Sans pouuoir de mon froid cerueau
Tirer le moindre vermisseau;
Viens-en viste fondre la glace,
Afin vistement que i'en fasse;
Fay moy bien décrire en beaux vers
Les horions & les reuers
Qu'en ce combat les Dieux donnerent,
Où si bien les mains ils menerent,
Que les Geants & leur grand Chef
Furent deffaits par grand méchef;
Comme Typhon, au lieu d'Azyle,
Trouua sa mort dans la Sicile;

K ij

*Ou certain mont assommé l'a,
Et contraint de demeurer-là,
En recompense ie te voüe
Vn masque qui fera la moüe,
Et le sacrifice plaisant
D'vn petit Singe mal-faisant:
Courage mon feu se r'allume,
C'à mettons la main à la plume,
Et du rude culbutis
De ces grands hommes mal bâtis
Faisons vne gaye peinture,
Tout en dépit de la Torture,
Et des maux que malgré mes dents
I'ay ressentis depuis six ans.
Holà petit faiseur de carmes,
Qu'a-t'on à faire de vos larmes,
Finissez vostre lay plaintif,
Sans faire icy tant du chetif.*

  *Cette mesme nuict qu'Encelade
Deuoit planter son escalade,
Iupin & son fils déguisez
En deux marchands deualisez,
Qui redemandent leurs besongnes,
Cachans bien leurs diuines trongnes,
Allerent au camp ennemy
Voir s'il n'estoit point endormy:*

TYPHON.

Par les feux allumez qu'ils virent,
Et par le bruit qu'ils entendirent,
Iupin vit bien qu'au lendemain
Il faudroit agir de la main.
Tost apres ce grand Roy du monde
Armé du Tonnerre qui gronde,
Et son fils ce grand Fier-à-bras,
Ayant sa Masse sur son bras,
Virent aisément les rebelles
Qui montoient au Ciel sans échelles :
Comme l'Olympe blanchissoit,
Et l'Aurore la nuict chassoit,
Lors Iupiter joüa du foudre
Et mit leurs montagnes en poudre ;
(Il estoit tireur tres-adroit,
Et son foudre six coups tiroit :)
Sur ces montagnes foudroyées,
Comme menu poivre broyées,
Ces grands hommes à demy morts
Imprimerent leurs vastes corps ;
Aucuns comme en vn Cymetiere
Demeurerent dans la poussiere.
Aucuns étourdis seulement
N'y demeurerent qu'vn moment,
Apres cette mortelle aubade
Les grands Dieux de leur embuscade

TYPHON.

Vinrent auecque de grands cris,
Autant qu'auroient fait des esprits;
Effrayer la Giganterie,
Et lors commença la tuërie,
Lors fit merueille de peter
Le Tonnerre de Iupiter:
A la faueur de ce Tonnerre,
Alcide vray foudre de guerre
A chaque coup quelqu'vn abat,
En met plusieurs hors de combat:
Enfin finit la destinée
Du redoutable Alcionée,
De sa masse l'écarboüillant,
Et de son sang noir barboüillant
Le museau crotté de sa mere,
Ce qui luy fut douleur amere;
Des occis il fut le premier,
Mais il ne fut pas le dernier
De ceux dont le vaillant Alcide
En ce combat fut l'homicide.
Baccus fait des exploits diuins
Se trouuant lors entre deux vins,
Son Tirse enuironné de lierre
Fait iour par tout comme vn tonnerre:
Les Menades suiuent leur chef,
Ayant aussi du vin au chef,

TYPHON.

Et de leurs grands coups scandalizent
Maints Geants qu'elles cicatrizent ;
Apollon le tireur adroit,
D'Ephialte créve l'œil droit ;
Hercule luy créve le gauche :
Mercure de son sabre fauche
Les jambes de Porphyrion ;
Mimas d'vn puissant horion
Fait sauter à Mars la rondache,
Mars luy répond d'vn coup de hache,
Et le fend malgré son écu
Depuis la teste iusqu'au cu ;
Atropos fit tomber Pallene
D'vn coup de quenoüille dans l'ayne,
Et Clotho luy mit promptement
Vn fuseau dans le fondement :
Enfin les Dieux faisoient merueilles,
A bien donner sur les oreilles
De leurs superbes ennemis,
Deux ou trois desquels à mort mis
Leur faisoient facilement croire
Que le Ciel auroit la victoire :
Mais ceux qu'on croyoit foudroyez,
Lors que les monts furent broyez,
Vinrent faire tourner la chance,
Ou du moins dresser la balance,

Qui lors deuers les Dieux panchoit,
Car Eurite le pied lâchoit,
Eurite qui cette iournée
Plus d'vne preuue auoit donnée
D'vn grand arbre fait comme vn dart,
Qu'il estoit valeureux soudart,
Il en estoit à la parade
Alors que suruint Encelade
Suiuy de tout ces furieux
Qui venoient de manquer les Cieux;
Cét enragé, du tronc d'vn chesne,
Entama le flanc à Silene,
Et luy cassa du mesme coup,
Malheur qui l'affligea beaucoup,
Vne bouteille grande & belle,
Pendante à l'arçon de la selle:
Lors qu'il vit couler son vin blanc,
Qu'il regretta plus que son sang,
Il demeura comme stupide,
Et sans l'assistance d'Alcide,
Encelade qui redoubloit,
Tres-asseurément l'accabloit,
Lors l'on vit monter & descendre
Maint dur coup sur mainte chair tendre
Lors maint beau corps par grand peché
Fut tres-cruellement haché

Lors

TYPHON.

Lors mainte Deeſſe foulée
Maudit mille fois la meſlée.
Cependant que faiſoit Typhon
Auec ſon grand nez de Griffon,
Hâ vrayment je veux vous le dire,
Il ne s'amuſoit pas à rire,
Il ſe battoit contre Iupin,
En chaque bras ayant vn pin,
De chaque bras faiſant la rouë,
Et faiſant à Iupin la mouë,
Car touſiours quelque bras paroit
Autant de coups qu'il luy tiroit,
Iupin en maudiſſoit ſa vie.
Enfin aueuglé de l'enuie
De venir de ſon homme à bout,
Il voulut hazarder le tout,
Et s'aprocha branſlant vn foudre,
Penſant bien le reduire en poudre,
Mais vn furieux moulinet
Luy briſa ſon foudre tout net.
Et comme il vouloit en reprendre,
Typhon eut le temps de s'eſtendre
Et de le ſaiſir au collet,
Le traittant de maiſtre à valet,
Luy donnant mille craquignolles,
L'outrageant de mille paroles,

L

Dont le pauure Dieu mal-mené
Euſt voulu lors eſtre damné:
Des grands Dieux, par cette nouuelle
Se troubla bien fort la ceruelle,
Outre que ces maudits Geans
Les alloient fort endommageans,
Mercure & le vaillant Alcide
Y coururent à toute bride;
Et Mercure voulut ruſer
Deuant que de la force vſer,
Prenant toute la reſſemblance
D'Hebé la Dame de Iouuence,
Pour laquelle ce Dieu ſçauoit
Que Typhon grand amour auoit;
Typhon courant à ſa maiſtreſſe,
Laiſſe choir Iupin qui ſe dreſſe,
Et qui voyant qu'il tallonnoit
Hebé, qui touſiours s'éſloignoit,
D'vn petit tonnerre de poche
Luy freſle toute la caboche,
Puis Hercule d'vn grand reuers
L'ayant fait tomber à l'enuers
Ces trois Dieux ſur luy chamaillerent,
Et ſes cent bras luy mutilerent,
Iupiter vouloit l'acheuer,
Mais Iris qui le vint trouuer,

TYPHON.

Luy dit que la trouppe Celeste
Estoit en danger manifeste,
Et qu'il la falloit secourir:
Et lors Iupiter de courir,
Laissant le Geant sur la place,
Tremblant & froid comme la glace;
Il trouve en arrivant les siens
Las & recrus comme des chiens,
Qui tout le long d'vne iournée
Ont quelque biche mal menée;
Mais à sa voix on reprend cœur,
Le vaincu devient le vainqueur,
L'ennemy recule & s'estonne,
Ce Dieu sur luy tonne & retonne,
Et ces deux fils suiuans ses pas
Montrent bien qu'ils ne dorment pas;
Le grand Alcide à coups de masse,
Assomme, renuerse, & fracasse;
Mercure de ses moulinets
Coupe plusieurs membres tous nets:
Enfin tous les Dieux firent rage,
Venus y montra son courage,
Et d'vn Geant pris au colet
Par Mars, son tres-humble valet,
D'vne épingle entama la fesse,
Criant i'ay peur qu'il ne me blesse,

Et Mars d'vn grand eſtramaçon
Acheua ce pauure garçon :
En ſuitte Hercule tuë Eurite,
Pan, Thoon, Mercure, Hypolite,
Lequel mourut bien irrité,
Car il n'auoit iamais eſté
Mis à mort iuſques à cette heure;
Mimas ayant à la malheure
Occis par grande trahiſon
Du vieil Silene le griſon,
Mars d'vne profonde bleſſure
Fit voir le iour à ſa freſſure,
Athos tomba ſous l'eſpadon
Dont ioüoit le Dieu Cupidon,
Diane fit mourir Aſie,
Thoon ayant Iunon ſaiſie
Fut par Vulcan & par Ceres,
Tué de ſon propre Cyprés;
Pallas au furieux Pallante
Montra bien qu'elle étoit vaillante,
Le tuant de deux coups d'eſtoc,
En ſuitte elle ſoutint le choc
Que luy vint donner Encelade,
Et d'vne grande couſtillade
Luy faiſant ouuerture au flanc
Luy tira l'ame auec le ſang;

TYPHON.

Neptune du grand Polibote
Ayant essuité mainte botte,
Le fit choir d'vn coup de Trident,
Et puis l'acheua d'vn fendant:
Ceux-là morts, tous ceux qui resterent,
Le combat plus ne contesterent,
Qui çà, qui là, chacun s'enfuit,
Et chacque Dieu quelqu'vn d'eux suit:
Enfin ceux qui fuyent & suiuent,
Courans à qui mieux mieux, arriuent
Droit où Typhon auoit esté
Par Iupiter si bien frotté,
Mais ce furieux personnage
N'auoit pas perdu le courage,
Il estoit depuis vn moment,
De son long estourdissement
Réueillé secoüant l'oreille,
Et lors l'on vit vne merueille,
Car il fit auecque ses pieds
Plus que ses bras estropiez
N'eussent fait dedans la bataille,
Il appella les siens canaille,
Et se meslant parmy les Dieux,
En blessa les plus furieux,
Lors aux Geants reuint l'audace,
Au cœur des Dieux reuint la glace,

Et n'eut esté que Iupiter
Eut credit de les arrester,
Ces pauures Dieux sans nulle doute,
S'en alloient mis en vauderoute,
S'en alloient estre déconfits,
Mais Iupin & son vaillant fils
Au deuant de Typhon allerent,
Et de deux costez l'attaquerent,
Il s'en épouuentoit fort peu,
Mais se voyant couuert de feu,
Et sentant les coups de massuë
Il n'espera plus bonne issuë
De son combat mal entrepris :
Et lors la crainte d'estre pris,
Luy faisant montrer les posteres,
Il s'enfuit suiuy de ses freres;
Et Iupiter de foudroyer
D'vn long tonnerre à giboyer,
Dont Phlegre put encor le soulphre,
Qu'il exhale par plus d'vn gouffre.
Cependant Typhon arpentoit,
Et de lieuë en lieuë sautoit
Si viste, que de Thessalie
A passer iusqu'en Italie
Il ne fut quasi qu'vn moment
Tant il courut legerement :

TYPHON.

Iupiter à grands coups de foudre
Fait tout ce qu'il peut pour le moudre,
Et de terre en terre le suit,
Enfin ce malheureux s'enfuit
Se cacher dedans la Sicile,
Mais ce luy fut vn pauure *Azyle*,
Iupiter d'*Ætna* le couurit,
Et comme au trebuchet le prit,
Depuis les feux que la montagne
Vomit souuent sur la campagne
Furent crus les soûpirs ardants
De Typhon enfermé dedans:
Ainsi presque toûjours le vice
A la fin trouue son suplice,
Et iamais la rebellion
N'éuite sa punition.
Tous les autres fils de la terre
Furent détruits par le tonnerre,
Et seruirent en diuers lieux
De trophée au maistre des *Dieux*.
Et moy ie mets fin à mon conte,
Tiré du Sieur Noël le Conte.

FIN DV CINQVIESME
& dernier Chant.

Extraict du Priuilege du Roy.

PAR grace & priuilege du Roy, donné à Paris le 21. iour de Decembre 1643. Signé par le Roy en son Conseil, LE BRVN; Il est permis à Toussaint Quinet Marchand Libraire à Paris, d'imprimer ou faire imprimer, vendre & debiter la suite du Recueil de quelques Vers Burlesques, intitulée *Typhon ou la Gigantomachie*, dediée à Monseigneur l'Eminentissime Cardinal Mazarin, durant le temps & espace de cinq ans, à compter du iour qu'elle sera acheuée d'imprimer; Et defenses sont faites à tous Imprimeurs, Libraires & autres, de contrefaire ledit Liure ny en vendre ou exposer en vente, à peine de trois mille liures d'amende, de tous despens, dommages & interests, ainsi qu'il est plus amplement porté par lesdites Lettres, qui sont en vertu du present Extrait, tenuës pour bien & deuëment signifiée, à ce qu'aucun n'en pretende cause d'ignorance.

Acheué d'imprimer pour la seconde fois le 18. Decembre 1647.

Les Exemplaires ont esté fournis.

www.ingramcontent.com/pod-product-compliance
Lightning Source LLC
LaVergne TN
LVHW050619090426
835512LV00008B/1566